Los planetas enanos

DESCUBRE LOS PLANETAS

Alexis Roumanis

LIGHTBOX
openlightbox.com

Entre a
www.openlightbox.com
e ingrese el código único
de este libro.

CÓDIGO DE ACCESO

LBH63624

Lightbox es una completa solución digital para enseñar y aprender temas curriculares de una manera original e innovadora. Lightbox se basa en las Normas Curriculares Nacionales.

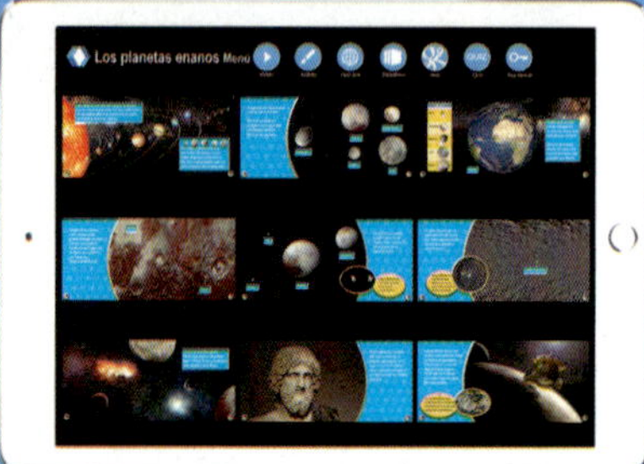

OPTIMIZADO PARA

- ✔ **TABLETAS**
- ✔ **PIZARRAS ELECTRÓNICAS**
- ✔ **COMPUTADORAS**
- ✔ **¡Y MUCHO MÁS!**

CARACTERÍSTICAS ESTÁNDAR DE LIGHTBOX

AUDIO Narraciones de alta calidad con sistema de texto a voz

VIDEOS Videoclips de alta definición incorporados

ACTIVIDADES PDFs imprimibles que pueden enviarse por correo electrónico y calificarse

ENLACES WEB Enlaces cuidadosamente seleccionados con recursos seguros para niños

PRESENTACIÓN EN DIAPOSITIVAS Ilustraciones gráficas de los conceptos clave

MAPAS INTERACTIVOS Mapas interactivos e imágenes satelitales aéreas

CUESTIONARIOS Diez preguntas de elección multiple con puntaje automático que se envían por correo electrónico al docente para su evaluación

PALABRAS CLAVE Combinación de los conceptos clave con sus definiciones

VIDEOS

ENLACES WEB

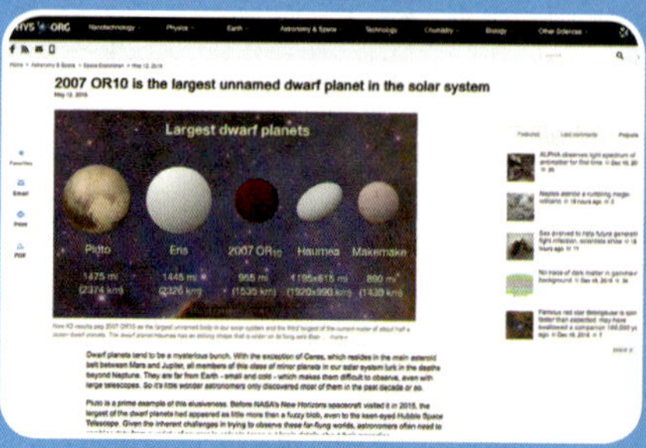

PRESENTACIÓN EN DIAPOSITIVAS

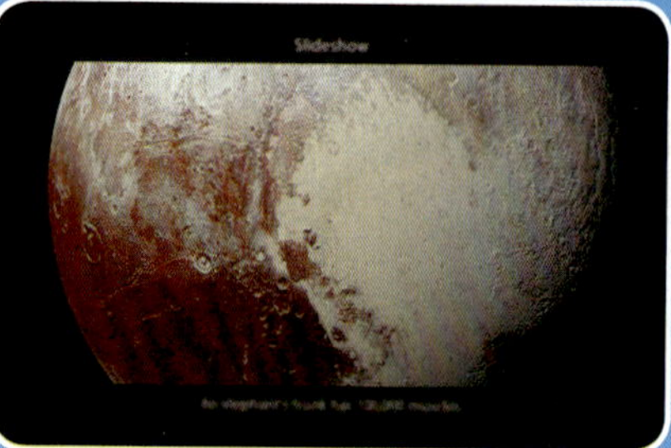

CUESTIONARIOS

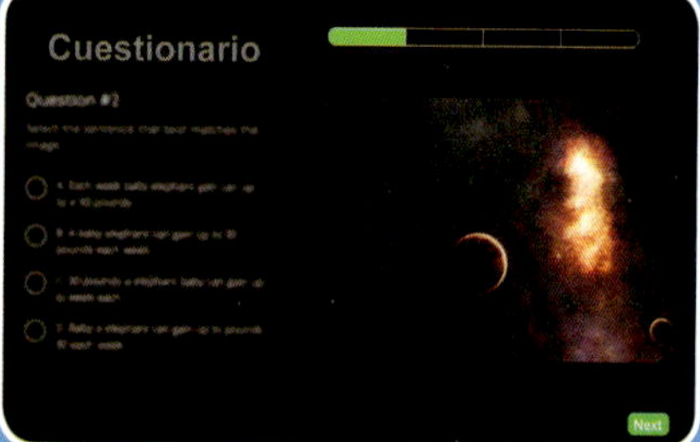

En este libro aprenderás

dónde se encuentran

cómo son

cómo aprendemos sobre los planetas enanos

¡y mucho más!

Los planetas enanos son objetos redondos que se mueven alrededor del Sol. A diferencia de los demás planetas, comparten su parte del espacio con otros objetos.

Hay cinco planetas enanos conocidos. Se llaman Ceres, Plutón, Haumea, Makemake y Eris. Son más pequeños que los ocho planetas del sistema solar.

La mayoría de los planetas enanos son redondos.

Haumea es el único planeta enano conocido con forma diferente. Haumea es ovalado.

Haumea

Plutón

Makemake

Ceres

Eris

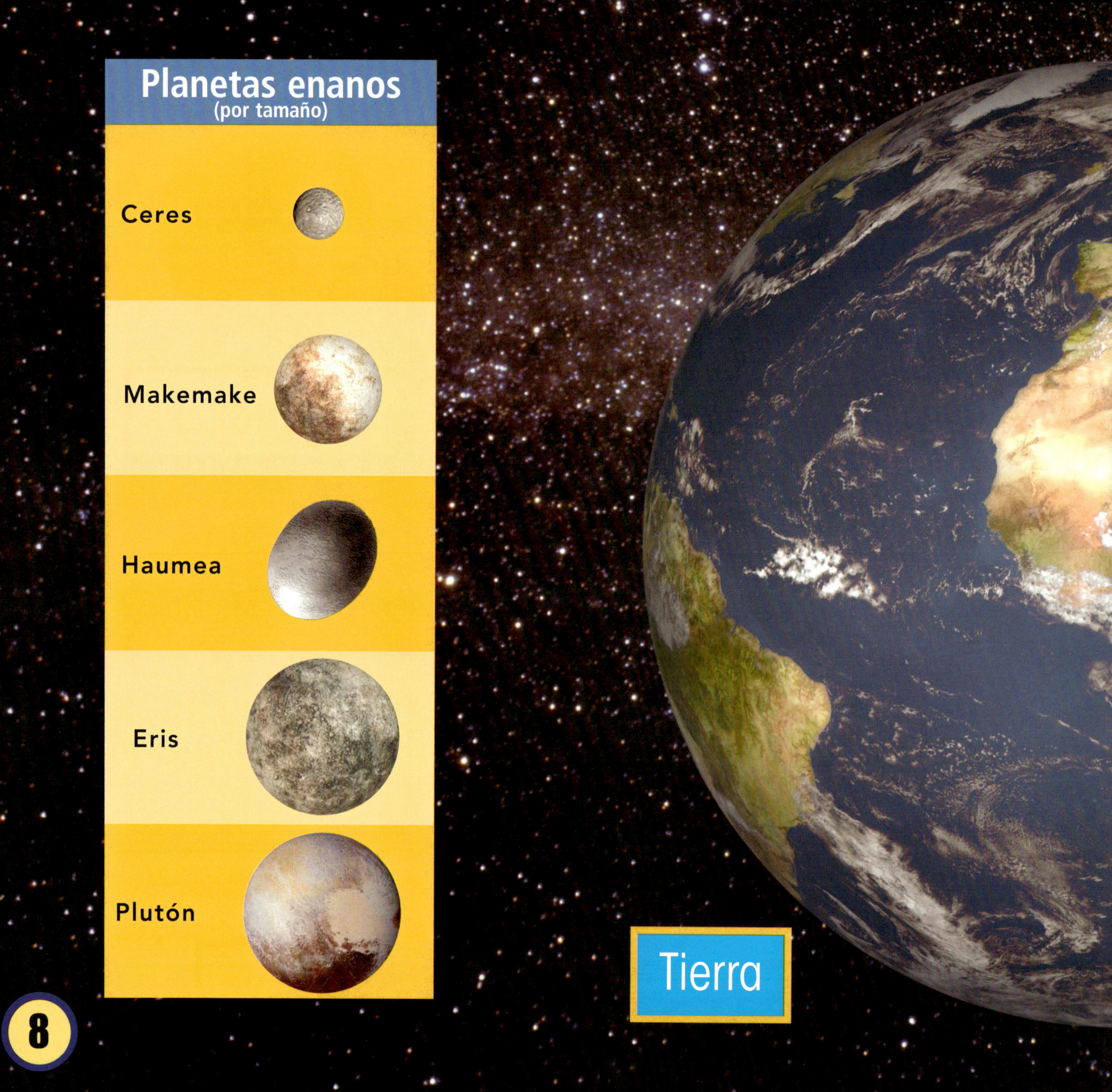
Planetas enanos
(por tamaño)
Ceres
Makemake
Haumea
Eris
Plutón
Tierra

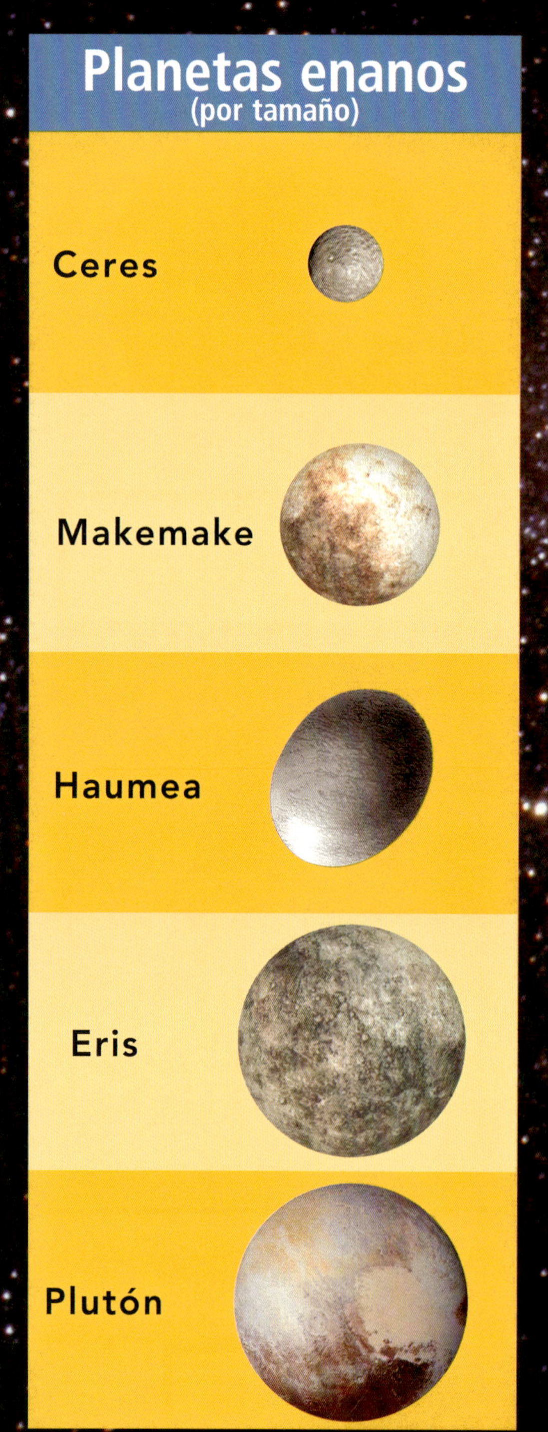

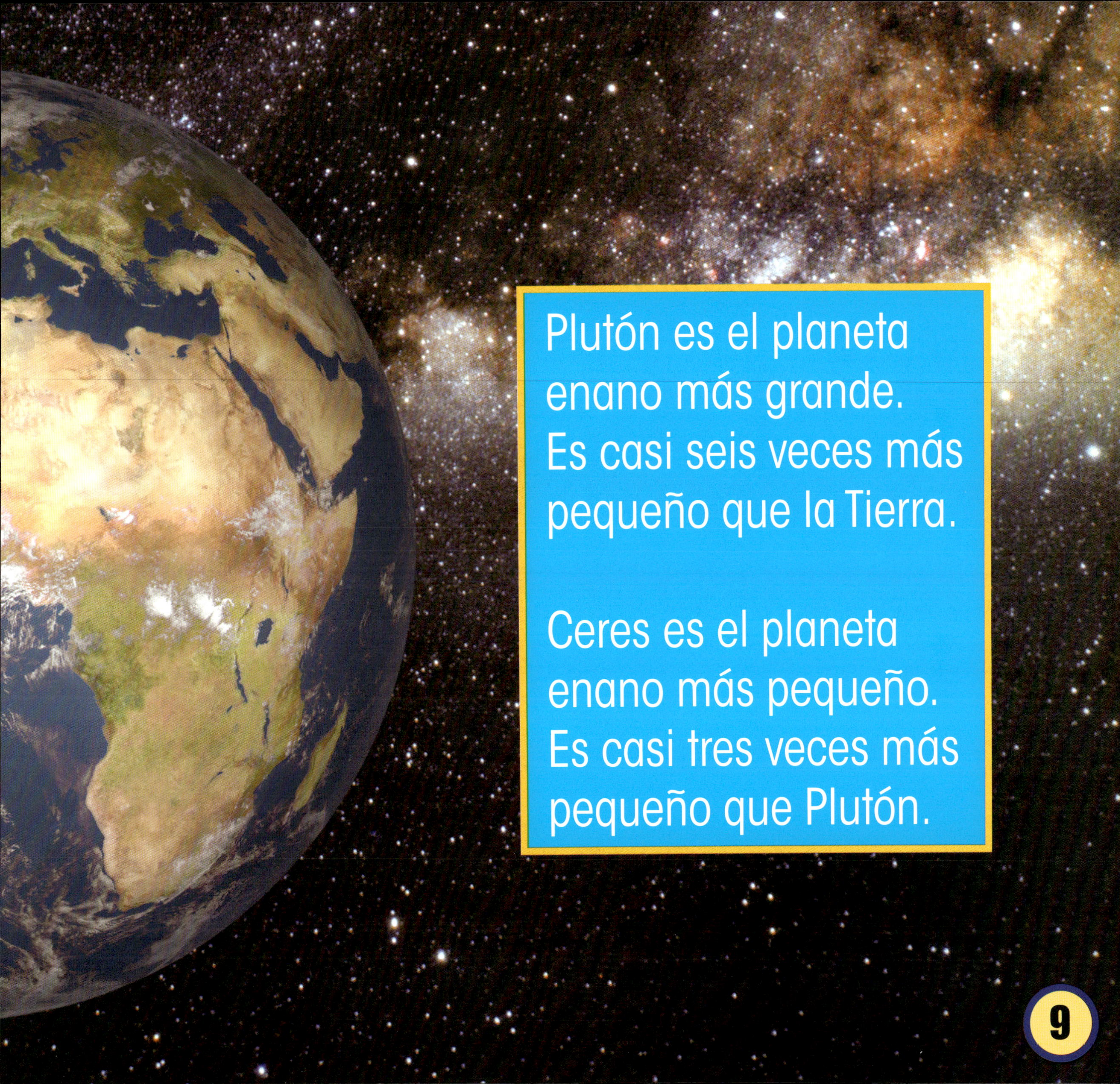

Plutón es el planeta enano más grande. Es casi seis veces más pequeño que la Tierra.

Ceres es el planeta enano más pequeño. Es casi tres veces más pequeño que Plutón.

Los planetas enanos están compuestos principalmente por roca y hielo. La superficie de Plutón está cubierta de hielo. La superficie de Ceres es mayormente rocosa.

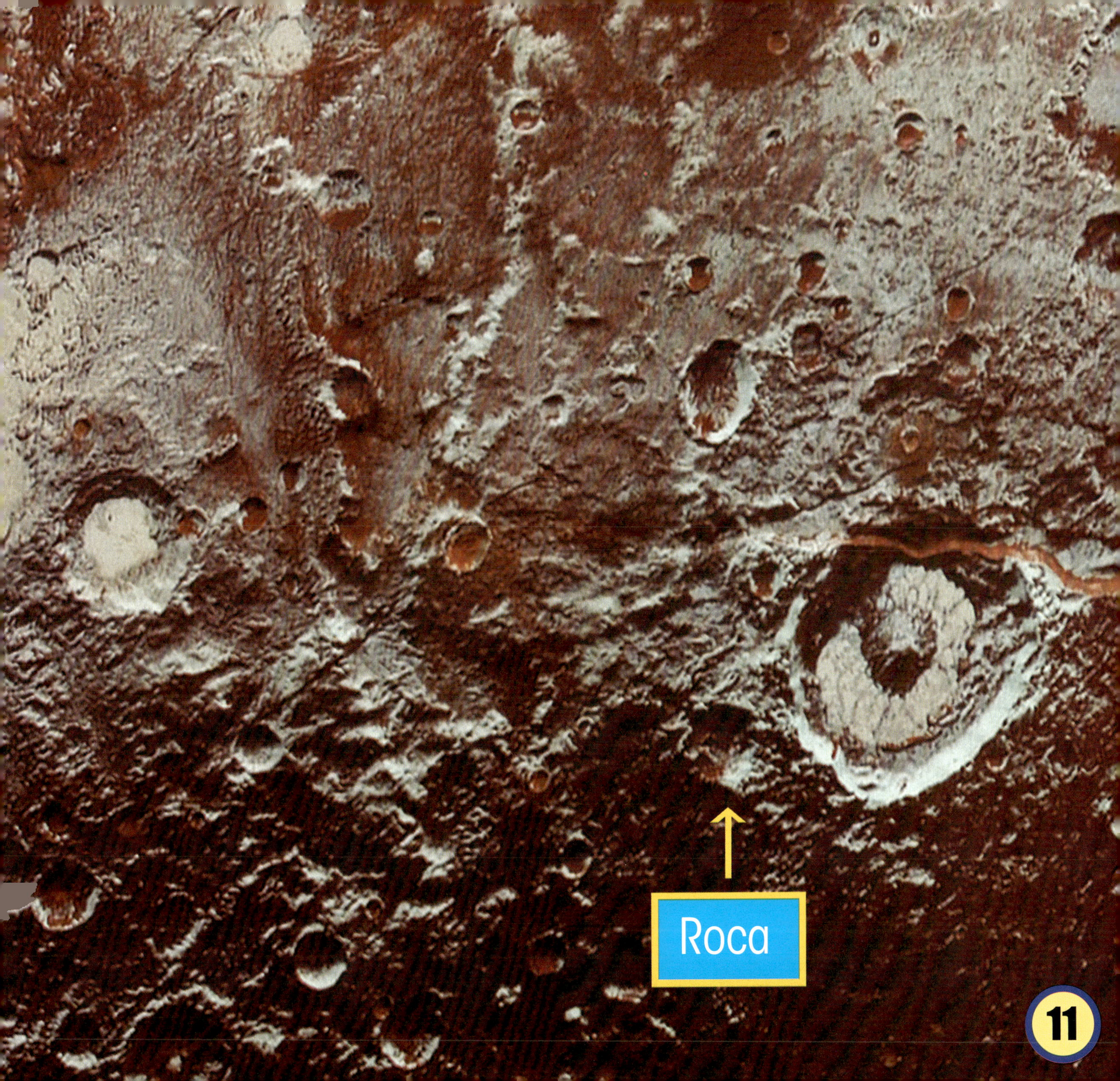
Roca

Hidra

Plutón

Los planetas enanos pueden tener lunas. Plutón tiene cinco lunas. La más grande se llama Caronte.

Estigia y Cerbero son lunas muy pequeñas. Tienen casi el mismo tamaño.

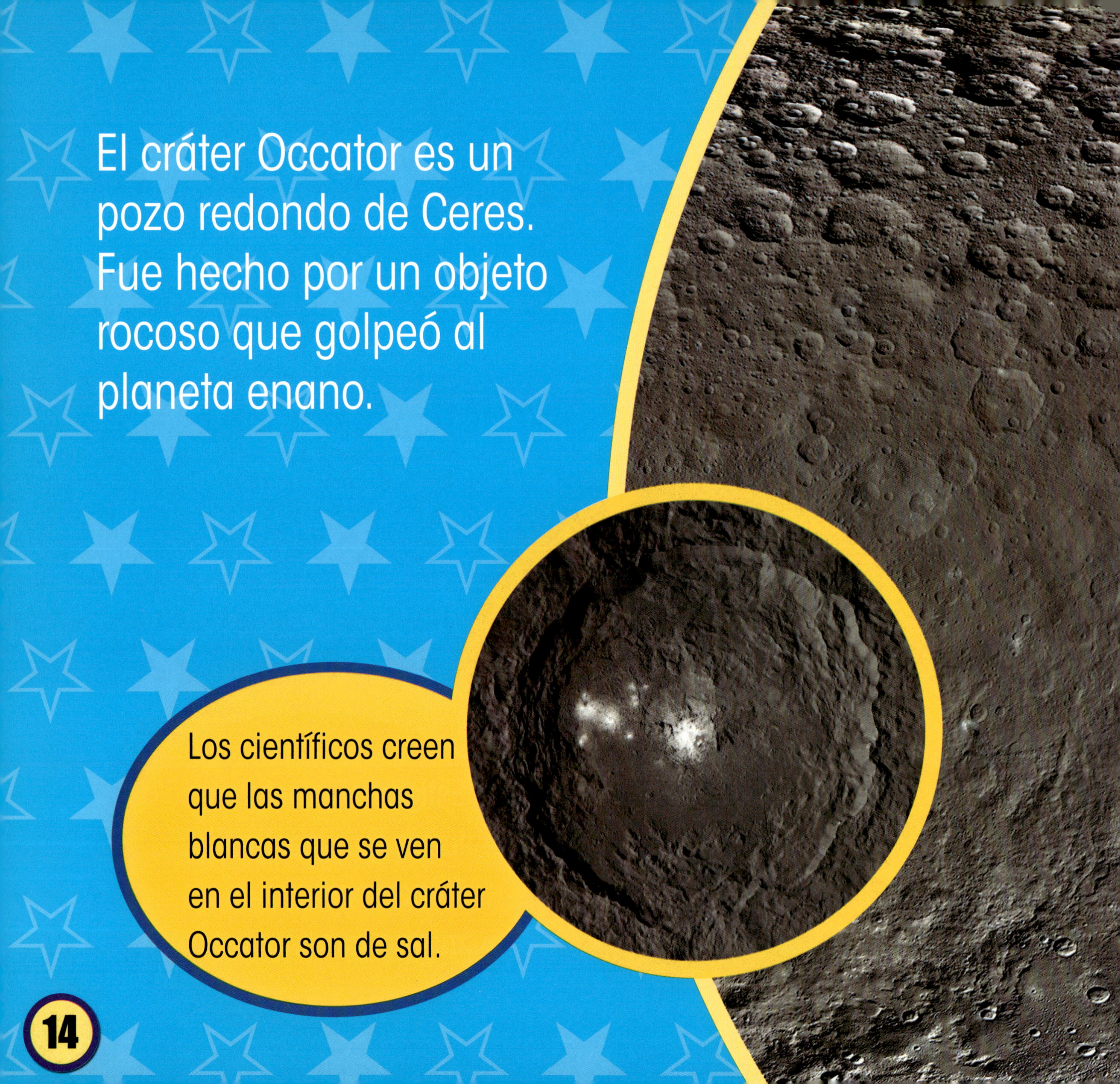

El cráter Occator es un pozo redondo de Ceres. Fue hecho por un objeto rocoso que golpeó al planeta enano.

Los científicos creen que las manchas blancas que se ven en el interior del cráter Occator son de sal.

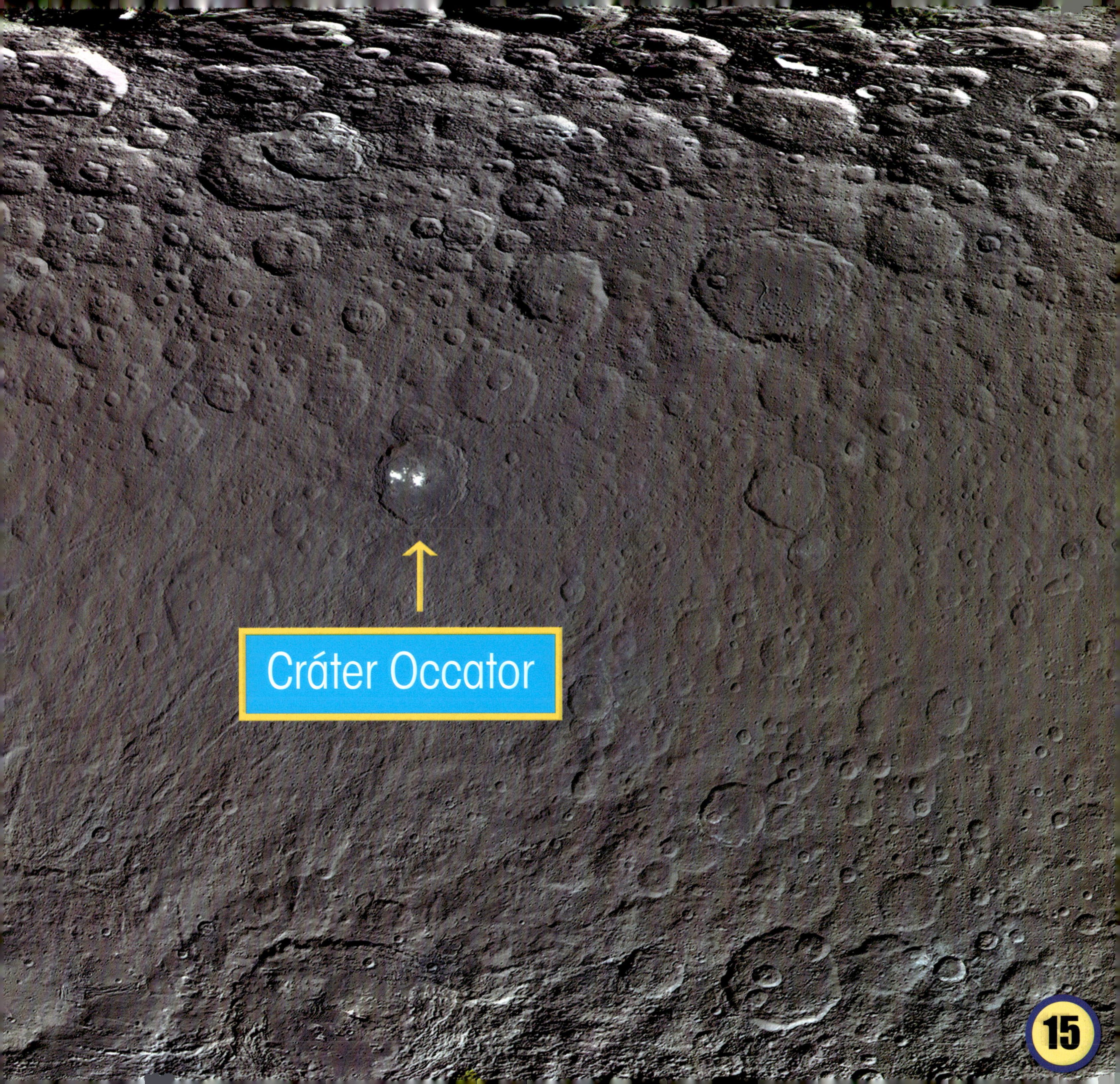
Cráter Occator

Todos los planetas giran. Plutón gira mucho más lento que la Tierra. Ceres gira mucho más rápido que la Tierra.

Plutón recibe su nombre del dios romano de la muerte, que vivía en un lugar muy frío. El planeta enano se llama así porque se creía que era un mundo muy frío.

Los científicos envían al espacio vehículos llamados sondas para estudiar el sistema solar. La sonda *New Horizons* llegó a Plutón en 2015. Ahora, continúa buscando otros planetas enanos.

Los científicos guían a la sonda *New Horizons* desde el Laboratorio de Física Aplicada Johns Hopkins de Maryland.

DATOS SOBRE LOS PLANETAS ENANOS

Estas páginas contienen más detalles sobre los interesantes datos de este libro. Están dirigidas a los adultos, como soporte, para que ayuden a los jóvenes lectores a redondear sus conocimientos sobre cada planeta presentado en la serie *Descubre los planetas*.

Páginas 4–5

Los planetas enanos son objetos redondos que se mueven alrededor del Sol. Los planetas son objetos redondos que se mueven, u orbitan, alrededor de una estrella, con la masa suficiente para apartar a los objetos más pequeños de su órbita. Ceres es el planeta enano más cercano al Sol, pero aun así, se encuentra a 257.055.204 millas (413.690.250 kilómetros) del Sol. Ceres tarda 4,6 años terrestres en dar una vuelta alrededor del Sol. Los otros cuatro planetas enanos están más lejos del Sol que cualquier otro planeta.

Páginas 6–7

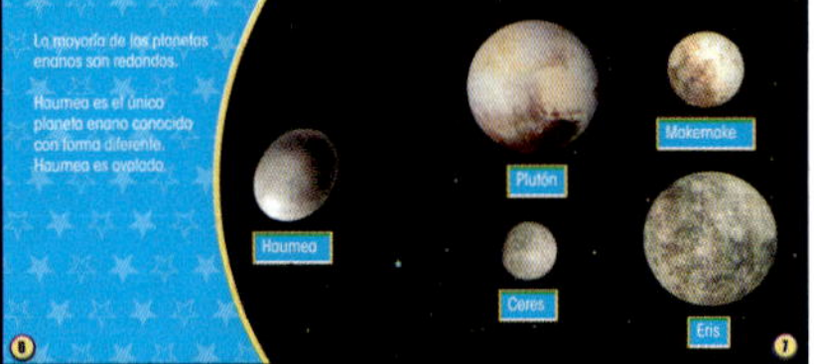

La mayoría de los planetas enanos son redondos. Los científicos creen que Haumea tiene una forma extraña porque es uno de los objetos del sistema solar que más rápido gira. Por la velocidad a la que gira, este planeta enano tiene una forma alargada. Un día en Haumea dura solo cuatro horas. Los planetas enanos pueden ser muy diferentes entre sí. Pueden tener distinto color, dependiendo de su composición. Plutón es rojo, Ceres es marrón y gris y Haumea es gris.

Páginas 8–9

Plutón es el planeta enano más grande. En el sistema solar hay siete lunas que son más grandes que Plutón. La gravedad es una fuerza que atrae a los objetos hacia el centro de un planeta. La gravedad varía según el planeta por la diferencia de tamaño y masa. La fuerza de gravedad de Plutón es mucho más débil que la de la Tierra. Un objeto que en la Tierra pesa 100 libras (45 kilogramos), pesaría solo 8 libras (3,6 kg) en Plutón.

Páginas 10–11

Los planetas enanos están formados por roca y hielo. La mayoría de los planetas enanos están demasiado lejos del Sol como para que haya agua líquida. Plutón está tan lejos del Sol que su superficie es fría. Esto hace que el agua congelada se desparrame por toda la superficie rocosa del planeta. Ceres solo tiene hielo en los polos, dentro de cráteres oscuros. Los cráteres impiden que el Sol evapore el hielo.

Páginas 12–13

Los planetas enanos pueden tener lunas. De los cinco planetas enanos que se conocen, tres tienen lunas. Plutón tiene cinco lunas, Haumea tiene dos lunas y Eris tiene una luna. Caronte es la luna más grande de Plutón. Es la luna más grande que se conoce en relación con el tamaño del planetoide alrededor del que orbita. Justo al norte del ecuador de la luna hay un extenso cañón que es casi cuatro veces más largo que el Gran Cañón de la Tierra.

Páginas 14–15

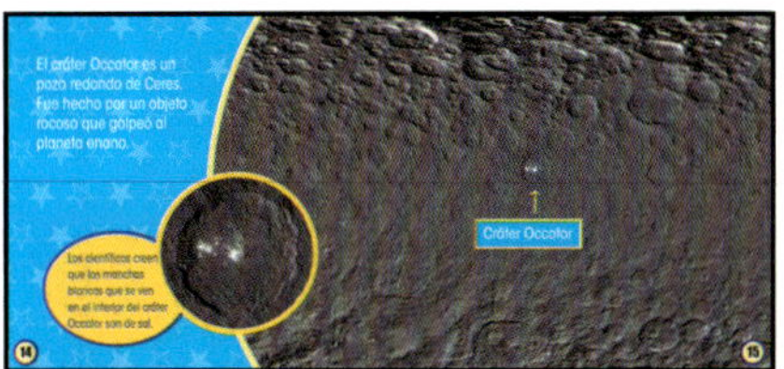

El cráter Occator es un pozo redondo de Ceres. El cráter Occator mide 57 millas (92 km) de ancho por 2,5 millas (4 km) de profundidad. Dentro del cráter hay grandes manchas brillantes. En un principio, los científicos pensaron que las manchas podían ser hielo, pero existe la teoría de que podrían estar formadas por un tipo de sal llamado hexahidrato.

Páginas 16–17

Todos los planetas giran. El tiempo que tarda un planeta o un planeta enano en dar una vuelta completa sobre su eje, es lo que dura un día. La Tierra tarda 24 horas. Plutón gira más lento que la Tierra, por eso tiene días más largos. En Plutón, un día tiene 153 horas terrestres. Ceres gira más rápido, por lo que su día es más corto. En Ceres, el día tiene solo 9 horas terrestres.

Páginas 18–19

Plutón recibe su nombre del dios romano de la muerte. Cuando se descubrió Plutón, en 1930, no tenía nombre. Venetia Burney, una niña inglesa de 11 años, sugirió el nombre Plutón de la mitología romana. Plutón vivía en el inframundo, lejos del Sol. A los astrónomos del Observatorio Lowell les gustó el nombre porque, al igual que en el inframundo, el planetoide estaba muy lejos del Sol.

Páginas 20–21

Los científicos envían al espacio vehículos llamados sondas para estudiar el sistema solar. En 2015, *New Horizons* fue la primera sonda en estudiar a Plutón. Luego, continuó su camino en busca de otros planetas enanos. En enero de 2019, se encontrará con un objeto de 28 millas (45 km) de diámetro. Los instrumentos de la sonda pueden estudiar las atmósferas, superficies e interiores de los planetas enanos.

Published by Smartbook Media Inc.
350 5th Avenue, 59th Floor New York, NY 10118
Website: www.openlightbox.com

Library of Congress Control Number: 2017961914

ISBN 978-1-5105-3384-4 (hardcover)
ISBN 978-1-5105-3385-1 (multi-user eBook)

Printed in the United States of America in Brainerd, Minnesota
1 2 3 4 5 6 7 8 9 0 22 21 20 19 18

012018
011518

Spanish Project coordinator: Sara Cucini
Spanish Editor: Translation Services USA
English Editor: Katie Gillespie
Art Director: Terry Paulhus

Every reasonable effort has been made to trace ownership and to obtain permission to reprint copyright material. The publisher would be pleased to have any errors or omissions brought to its attention so that they may be corrected in subsequent printings.

The publisher acknowledges Alamy, Getty Images, iStock, and NASA as its primary image suppliers for this title.